AF219657

gespräche mit jonas

..machen Mut zum Leben

Jeder Weg ist steinig

Mach ihn doch zum Kunstwerk

Wolfgang Nicolaus

Bibliografische Information
der Deutschen Nationalbibliothek:
Die Deutsche Nationalbibliothek verzeichnet
diese Publikation in der Deutschen National-
bibliografie. Detaillierte bibliografische Daten
sind im Internet über http://dnb.dnb.de abrufbar.
© 2022, Wolfgang Nicolaus
Herstellung und Verlag:
BoD – Books on Demand, Norderstedt

ISBN
9783756813889

www.gespräche-mit-jonas.de

Wolfgang Nicolaus

Blasewitzer Ring 7, 13593 Berlin

Tel.: 03036742015

Mail: opanic@web.de

Covergestaltung: Wolfgang Nicolaus

Bildnachweise:

Steinchen auf Pixabay

George auf Pixabay

Inhaltsverzeichnis   Seite

Das irdische Leben stößt immer wieder an

Die Überwindung dessen macht frei

Hinweis

Hier werden Gespräche zwischen Jonas und dem Autor wiedergegeben. Die Informationen, die dabei von Jonas kommen, sind auf meinen individuellen Weg zugeschnitten und aus himmlischer Sicht zu interpretieren. Eine Allgemeingültigkeit ist daher nicht unbedingt ableitbar. Es können jedoch Informationen in das eigene Leben integriert werden, sofern sie denn nützlich erscheinen. Die Gespräche mit Jonas weichen auch oft von dem ab, was über Themen wie diese üblicherweise geschrieben wird, weil er eine ganz andere Übersicht hat als Menschen, die aus einem begrenzen Sichtfeld heraus forschen. Er redet nicht zum Munde, weil schöne Worte vielleicht besser ankommen. Sein Pragmatismus ist immer klar in der Kernaussage. Kraft deiner eigenen Entscheidungsfreiheit kannst du dem Dialog mit Jonas unter diesem Aspekt etwas abgewinnen oder nicht. Das bleibt ganz dir überlassen.

Wer ist Jonas?

Jonas ist mein übergeordneter Begleiter, Freund und abendlicher Gesprächspartner aus einer höheren Daseinsebene. Er hilft mir, Lebensebenen, auch weit über dieses irdische Leben hinaus, zu erforschen. In jedem Falle werden mir dabei viele neue, interessante Betrachtungen aufgezeigt. Wenn Jonas etwas mit mir bespricht, ist seine Antwort schon in meinem Kopf, bevor ich eine Frage zu Ende gebracht habe. Dabei ist er schonungslos offen und gibt Antworten, die mich oft nachdenklich machen. Ab und zu muss ich halt einen Tritt in den Allerwertesten haben, bevor ich den gleichnamigen bewege. Jonas ist Freund, nicht Lehrer. Das macht Sinn, wenn man bedenkt, dass ich eigene Erkenntnisse gewinnen muss. Er gibt Anstöße zum irdischen Leben in Ausrichtung auf die Werte, die im Himmel als Existenzgrundlage unabdingbar sind.

Jonas und die Bühne des Lebens

Mehr als 30 Jahre lang bin ich nun schon mit meinem himmlischen Freud Jonas verbunden.

In dieser langen Zeit hat er mir die Bedeutung des Lebens an sich vermittelt und den Menschen in seiner Funktion darin erklärt. Wir alle sind in die große Bühne des Lebens eingebettet, so auch er.

Weil alles recht komplex ist, bitte ich um Verständnis, dass so viel Stoff nicht in einem einzigen Buch Platz finden kann. Deshalb schreibe ich kleine Büchlein, in denen ich auf Teilbereiche besser eingehen kann.

Wer darin eine Anwendbarkeit auf sein Alltagsleben entdeckt, ist aufgefordert, dem Himmel auch die eigene Tür zu öffnen. So kommt noch viel mehr dabei heraus.

Ein morgendliches Gebet wäre schon mal ein guter Anfang.

Stell dir einmal vor

Alles ist in Butter. Das Leben läuft wie geschmiert, gesund bist du auch, die Partnerschaft passt gut, der Job macht Spaß und bringt auch einige Taler in die Haushaltskasse. Wer strebt das nicht an.

Wenn das mal so bleiben würde…

Nein, ich bin kein Miesepeter und sehe das Leben nicht mehr als Höllenqual an. Das war nicht immer so, aber die Einsicht um den stetigen Wandel führte mich auch zum intensiveren Genießen glücklicher Zeiten.

Aber was ist eigentlich Glück? Ist es nicht etwas sehr Individuelles? Das kann wohl jeder nur für sich selbst definieren und meistens erst im Danach einordnen.

Richtig gelernt habe ich immer dann, wenn sprichwörtlich die Nase geblutet hat. Also meine Definition: Leben muss schwierig sein, bleibt bestehen. Egal wie andere darüber denken.

Wie komme ich zu dieser Behauptung?

Am Automaten habe ich mir das nicht gezogen. Die vielen Steine auf meinem Weg brachten mich im Nachhinein zu dieser Überzeugung, denn sie haben das aus mir gemacht, was ich heute bin. Ob aus mir etwas Gutes geworden ist, mag ich selbst nicht beurteilen, aber ich fühle mich auf einem guten Weg,

Wenn ich also diese Erde aus Stein (als Gleichnis) betrachte, haben Steine doch ihren Sinn. Deshalb nutze ich sie im übertragenen Sinne als Baustoff für mein Leben und baue mir am Wegesrand einige Türmchen damit auf. So bleiben einzelne Wegabschnitte besser im Gedächtnis haften und regen andere, die an diesen Stellen vorbeikommen, vielleicht zum Betrachten und Nachdenken an.

Für mich musste ich eine elementare Frage beantworten: Welchen grundlegenden Prinzipien will ich folgen.

Denen nach Materiellem im *Haben*, oder der Ausrichtung zur Schöpfung im *Sein*, wie auch immer die Vorstellung über eine *Schöpfung* aussehen könnte.

Tragen meine Lehren aus dem bisherigen Leben Früchte? Was ist mir wichtig geworden?

Aus dieser Sicht ist ein harter Weg schon mal gut. Jedenfalls für mich. Also bemühe ich mich weiter, auch wenn es noch so schwierig ist. Der Blick auf das Leben im Sinne einer Lebensbühne ist als außerpersönliche Betrachtung sehr hilfreich dabei.

Die Bühne des Lebens

Der Kulissenschieber

Auf die Lebensbühne trittst du nun - ganz klein, und schreist auch viel.

Kulissen schiebst du hin und her, willst kennenlernen Handwerk mehr.

Dein Tun ist nicht bewusst in dir, denn träumst du noch vom steten Glück.

Du fühlst sehr lange Schmerzen nur, und verstehst noch nicht, was wichtig wird.

Erleben wirst du viel und oft, und suchst sehr lange noch dich selbst.

Die Bühne des Lebens

Der Schauspieler

Du lernst gut zu spielen, wo immer du bist, zu schlüpfen in Rollen, die du probieren willst.

Der Sinn dieses Tuns ist nicht gleich zu erkennen, denn wirken in Wahrheit ist später gemäß.

Du spielst deine Rolle und sammelst was kommt, in harter Umgebung spürst du das Leben an sich.

Du kannst nicht umhin den Weg zu beschreiten, bestimmt ist uns allen – zum Lichte er führt.

Gottes Schild wird dich schützen, du brauchst es hier noch.

Die Bühne des Lebens

Der Autor

Erlebt hast du viel nun, willst jetzt auch mal mehr, du beobachtest jeden, vergleichst dich schon sehr.

Es leuchtet ein Lichtlein in dich schon hinein. Diffus und zart – will blenden dich nicht, empfindlich noch sehr.

Doch Neugier dich treibt, um weiter zu sehen. Zu langsam geht's voran, das willst du gern schneller.

Du verhaspelst dich vielmals und fällst auch mal hin, doch trägt Gott dich schon, du merkst es nur nicht.

Jetzt schreibst du die Rolle, die du mal spielen wirst, und kommst jetzt gut weiter, du wirst es bald sehen.

Der Logenplatz

Erkenntnis bekommen, jetzt nutzt sie dir viel. Die Basis gelegt – das hast du ja schon.

Nun schau da mal Ganzes, es bringt dich jetzt weiter. Du bist schon gegangen die Stufen recht viel.

Den Tiefgrund geschaut, als Werkzeug jetzt besser, wirst du nun Gesell.

Das Lernen wird schwerer, ganz mächtig und viel. Es fordert jetzt mehr.

Geduld hast du gelernt schon, nun wende sie an. Ich gebe dir Hilfe - ich gebe sie gern.

Versuch es mit Brücken, die baust du ja schon. Es ist erste Strecke zum sicheren Sein.

Die Bühne des Lebens

Der Regisseur

Was nun kommt ist Schmackes. Es sind hier die Werte, die leiten fortan.

Von innen du lebst jetzt, bist sicher dir schon. Egal was du tust, es strauchelt nicht mehr. Du verteidigst schon lange das lichte Prinzip.

Das Zweifeln ist fremd hier, du bist deiner sicher. Verantwortung erfahren, gibst du sie jetzt weiter. So leitest du andere die noch nicht viel wissen und weitersuchen müssen.

Du siehst nun voraus was sie auch noch mal lernen, und richtest dann niemals, weil du selbst einst schon dort warst.

Die ganze Bewährung bestehst du mit Bravour, und steigst in Gefilde – Erfüllung dir bringt.

Der Produzent

Der Platz ist bei Lichte, steht mir noch nicht zu. In Ehrfurcht betrachten darf ich jedoch schon.

Es blendet noch vielfach, ich habe aber Zeit zu schauen den Plan schon der weise gedacht.

Ich klopfe mal an hier, doch das ist noch fern. Wenn umfassend begreifst mal die Pläne des Lebens, darfst du leiten und lehren im menschlichen Leben. Du brauchst dann keinem Lohn mehr verschrieben zu sein.

Dann schaust du das Ganze und Glück ist dir eigen. Sonst musst du noch lernen, bis du es mal kannst.

Gibt es hier Lebensweisheiten?

Ja, aber nur meine.

Deine musst du selbst suchen..

Erkenntnis zum Bemühen

Ich ringe genauso, wie andere doch auch. Der Anfang war gut, ich war mir ganz sicher, dass es so weiter geht.

Doch Täuschung kam schnell und holte mich ein. Verfügt wird manchmal über mich von Mächten tief, im Inneren nur noch nicht gebändigt.

Mein Mut in mir ist festgezurrt, der Stärke ist für Kampf nach innen.

Nach langer Zeit nun endlich mal, im Nachhinein, das war schon klar, ich sah sehr deutlich - Prüfung war.

Die Botschaft, die mich nun erfüllt: Bemühe dich sehr, du merkst es selbst, es bringt allein schon dadurch mehr.

Ursprüngliches

Wasser ist still. Es bewegt sich nicht von selbst. Es wird bewegt. Die Strömung – der Wind – die anderen tun das Werk.

Wirf einen Stein ins Wasser und schau einfach zu. Er zieht winzige Kreise - die werden größer und immer weiter. An den Rändern kehren sie um. Sie überlagern und schneiden sich. Schnell ist der Anfang fortgegangen.

Es hat nur noch Bewegung, die löst sich widerwillig nur.

Bedenke: Du bringst mit Gedanken schon Wellen ins Wasser. Sei bedacht mit dem was du denkst, denn es kehrt zu dir zurück. So wirst du ernten, was du einst gesät hast.

Der Morgenmuffel

Der Tag beginnt laut, die Uhr brüllt dich an. Der Schlaf will nicht weichen – Gesicht knittert noch.

Die Beine sind schwer, sie wollen nicht raus. Der Tag ist halb fertig, die Arbeit ruft an.

Du willst gar nicht hin dort, doch musst du es tun. Kaffee wäre jetzt richtig, doch faul bist du noch und gehst aus dem Hause obwohl nur halb wach.

Das Auto kommt leise und ach mit Bravour. Du siehst es nicht kommen und läuft schnell hinein.

Im Himmel du fernsiehst was du angestellt hast. Den Schlaf noch im Auge, putzt Wolken jetzt viel.

Die Arbeit ist öde. Was hast du geschimpft zur Arbeit auf Erden. Was hast du denn nun…

Verhofftes Leben

Man Hoffnung dir macht und du darauf eingehst:
„Es wird schon so werden, nun warte es ab."

Wer kennt nicht die Sprüche landauf und landab.
Der Grund zur Verführung ist wenig Erfahrung.

Das spürt man sehr schnell und nutzt dich dann
aus.

Du fühlst dich missbraucht dann. Ein dumpfes
Gefühl erst.

Es dauert sehr lange du spürst hier das Spiel. Der
Hebel wird bleiben der gegen dich wirkt.

Du selbst nur kannst stoppen dies ungleiche
Treiben. Die Leistung die du bringst mach besser
für dich nur. Und wenn es dir wenig hier einbringt
an Geld, in Freiheit verdienen ist allemal besser.
Du wirst kurz sonst gehalten und zum Bleiben ge-
zwungen und werkelst gehorsam mit innerer Pein.

Ent-Täusche dich vielmals

Was bringt dich zum Wüten so heftig und streng? Getäuscht hast du dich selbst, denn machtest dir vor was so nicht real war.

Die Täuschung ist tief in dir drin. Der andere nicht weiß drum, du selbst hast erlaubt.

Drum prüfe dich vorher, erwarte hier nicht, was andere nicht können erfüllen dir ganz.

Ent-Täuschung ist wichtig. Sie heilt dich im Schmerze von Wünschen, die sind.

Falsch Zeugnis reden

Es ist einfach erst, denn niemand merkt es gleich. Doch schlauer als man denkt, sind alle drumherum.

Viel später man merkt, dass falsch etwas kommt. Du stehst selbst dir im Wege, weil Wünsche dich blenden.

Die Lüge hat Beine immer kurz, der Volksmund spricht hier so.

Lese besser zwischen den Zeilen, wenn man zu dir spricht. Dort findest du Wahrheit, die du doch so suchst.

Im Glauben von Lügen liegt Schmerz automatisch. In Wahrheit geblieben wärst besser du dran.

So achte auf dich und halte mal inne, bevor du gleich zusagst.

Sorgen

Du wanderst am Abgrund, und siehst das nun dauernd.

Das Festland nicht sichtbar, dem Auge entschwunden. Doch bleibt es vorhanden, du siehst es nur nicht.

Dein Blick ist mit Angst nur gerichtet nach unten. Allein jetzt das hier bestimmt deine Sicht nur.

Behindert mit Enge, du denkst nicht mehr richtig.

Vertrauen befreit dich, dann kannst du auch glauben an andere Felder, die sicher dir sind.

Dann geht's wieder weiter, du siehst neues Festland. Nur das ist die Basis zu lenken die Richtung. Denn Sorge um Sorge bringt Zukunft nicht weiter.

Doch einfach gesagt hier, auch ich hab's noch schwer.

Schlecht sind nur andere

Ich bin gut, und ich meine es nur gut. Ich weiß, wie alles geht.

Du kannst das so meinen, es bleibt unbenommen.

Das Maß aller Dinge, wer legt es denn an? Du kannst es bestimmt nicht, doch sprichst du den anderen das ganz und gar ab.

Beachte nur das hier: Es kann doch kein Mensch ganz wirklich entscheiden, was richtig und falsch.

Sehr schnell du nicht merkst, verletzt du hier sehr. Doch Ehrfurcht soll da sein und leben in dir.

Behalt dich im Auge, es schützt dich vor Schmach. Es bringt dich nicht weiter, es kerkert nur ein.

Töte nicht

Ist Leben dir nichts wert, denkst du nicht nach?
Bist du der Maßstab ein Leben zu werten?

Du willst doch auch nur leben, so wie dieses Tier.

Wir Menschen sind Viele, ist das dann auch
schlecht? Macht Menge den Maßstab des Einzel-
nen Weg? Wer schadet der Welt, der Mensch oder
ein Tier?

Denk vorher darüber, wenn du schlecht gelaunt,
und trittst auf das Leben, obwohl es nicht braucht.

Ein Wesen getötet bring dir doch nichts ein. Wir
Menschen sind jene die machen viel schlecht. Ein
Tier will nur leben, es weiß nicht was kommt.

Der Mensch hat Verstand, gebrauche ihn auch.

Und leb es mit Nachdruck, sonst lügst du dich an.

Beurteile nicht, was du nicht kennst

Gleich vorneweg, wie so oft, ist Mundwerk von dir. Schnell Urteil zur Hand, ohne Meinung gefragt.

Du schaust nicht, ob stimmt, was du von dir gibst. Allein nur das Mundwerk, was wichtig dir ist.

Du willst glänzen mit Wissen, die Brust schwillt dir voll. Der damit zurückbleibt, soll rechtfertigen jetzt. Wer dazu nicht Lust hat dann chancenlos bleibt. Der Hörer wird glauben den lauten Gesellen. Das Nachsehen hast du, das mächtig und schnell.

So sinnlos das Ganze, zu sprechen dagegen, du musst es so nehmen, denn Einsicht ist fort.

Geschwafel nicht nötig für Herzensgescheite. Sie werden erkennen - das Gold liegt im Schweigen.

Vitali ist nur ein Name

Was Körperchen braucht muss Körperchen haben.
Vital bist du sehr, das ist doch modern.

Wie schön unsere Welt ist, das kannst du hier
sehen. Verpackung ist wichtig, das Innen bleibt
weg. Doch bald kommt es ins Blickfeld, da sei dir
mal sicher.

Was sagst du denn dann? Muss Körper noch
haben? Du siehst es dann ein, es war doch nicht
alles.

Wie viel hast du verwand ihm Gutes zu tun? Wo
bliebt deine Zeit, wem gabst du sie denn?

Hör aufmerksam zu, wenn jemand berichtet, von
höheren Ebenen, die du mal erreichst.

Das alles du siehst noch, es braucht nur viel Zeit.

Gedulde dich

Geduld mal zu leben, braucht auch eine Basis. Ist die mal vorhanden, so kannst du vertrauen - am meisten auf dich.

Du suchst nicht mehr Schnelle in ein Gegenüber.

Fehlt nun dir die Basis, hast du Unruh in dir. Du denkst und verrichtest dann immer zu schnell. Du drängst nun die anderen, sie sollen mal machen.

Doch das ist Erwartung, die lass besser sein. Denn andere nie machen, so sehr du auch willst.

Du selbst kannst nur raus hier, indem du dich grenzt, und weiter und weiter hinab deine Wünsche versenkst tief nach ganz unten.

Bis keiner mehr da ist. Erst dann hast du Ruh.

Hoffnung machen

Machst du Hoffnung den anderen, verantwortest du schon? Willst du Gutes auch dir tun, wenn Hilfe du gibst?

Doch kannst du oft nicht halten was du so versprichst. Wird schlimmer nun alles, enttäuscht ist man dann. Du bist nun beladen mit stetigem Frust, als vorher schon hattest.

Die Hoffnung ist Brücke sie soll uns ja tragen. Wenn diese nicht durchhält, dann bricht sie mit uns. Und alle die drauf sind erfahren nur Leid.

Den Stein hier geworfen hast du doch zuerst, du wolltest das Gute, doch warst unbedacht.

Die Folgen sind hart hier, dein Gutes dahin.

Mobbing

Sie werden dich schneiden und neiden fortan. Sie werden denunzieren und lachen danach, wie schlau sie doch sind. Sie werden dich belügen, und warten, wie du strauchelst in dir. Sie werden dich betrügen, weil sicher sie sind. Sie werden über ich lachen, weil anders sie nicht können. Sie nennen dich dumm nur, weil du dich nicht wehrst. Sie nutzen dich weiter für eigene Zwecke. Sie machen dich zum Gespött für sich und für andere. Sie werden dich töten, das ist dann ihr Ruhm.

Sie verstehen noch nicht, wie sie sich beflecken und selbst sich schaden.

Wenn ich mal so war, ich schäme mich jetzt. Verständnis entwickeln, das muss jetzt wohl sein.

Voll Werte wird der sein, der Prüfung besteht, und schaut mit Mut nach vorne ins Licht.

Teamarbeit

Das Team wird dich fordern, es will was von dir.
Gefällt es doch anfangs, nur schnell wird dir klar,
das Team wird nicht wollen das du kommst voran.

Das Team wird hier bremsen dein Tun wegen
Angst. Ein Jeder wird streiten, Revierkampf
herrscht hier.

Das Unglück ist schleichend, man will dich nicht
mehr.

Die Arbeit wird öde, Gefahr bist du nun. Du musst
dich beweisen, intern und ganz oft.

Ein großes Gerangel beginnt mit der Zeit. Das Ziel
aus den Augen zerfleischt sich das Team.

Erreicht hat es nichts dann, mit Frust gehst du
heim. Verloren ist alles, weil Ego im Spiel.

Arbeite beschaulich

Dein Tun wird dir frei sein, du richtest dich ein. So wie du es willst nur, und niemand spricht rein.

Das alles ist schaubar für dich und für andere.

Die Zukunft ist greifbar, du siehst sie zeitnah.

Man bleibt hier flexibel, und Spaß macht es auch.

Du kannst davon leben, der Lohn kommt gerecht.

Wenn Ärger du siehst, dann änderst du die Richtung, weil ja niemand da ist und gegen dich spricht.

Dein Leben ist einfach. Erfüllt ist es auch.

Du brauchst nicht Visionen, du lebst jetzt und hier.

Kontrolle

Entgeht sie dir, haben andere sie. Du führst nicht Regie, bist Statist nur noch.

Gelebt wirst du von außen, und fühlst dich nicht wohl. Nicht achtsam gewesen, den Ursprung verpasst.

Erkannt hast du spät, und richtest dich ein auf Spielchen geführt nicht mehr von dir selbst.

Weil Geld mal verloren, bestimmst du nicht mehr. Ein Neustart nicht möglich, du hast ja nichts mehr.

Als Sklave du schuftest für Wohlstand von anderen. Kontrolle verloren, nicht zeitig erkannt, jetzt schafft du für Brot nur.

Dein Traum ist erloschen, und lange es braucht, neues Feuer zu finden.

Kompromiss

Es wird dich ganz leiten, falsch Richtung er zeigt. Du verbiegst dich doch sehr hier, zum Halten dein Tun. Der Ursprung verschwimmt dann, du lebst ihn nicht mehr.

Verloren das Ziel gerätst du in Kriese. Wie kannst du nun leben, was einst mal gestartet.

Und Angst ist dahinter, nicht leben zu können, vom Reinen und Wahren das du dir gesucht.

Zurück ist es schwierig, allein du verzweifelst. Man bietet dir Hilfe, die nicht wirklich ist. Dahinter sind Wünsche im Schilde der anderen.

Du kannst nur zum Grunde zu finden dich wieder. Der Weg ist dann schmerzlich und einsam dich fühlst. Doch wenn du mal durch bist, lebst du im Ursprung des Seins.

Klarheit

Du schwafelst fortwährend und unnütz viel Zeug.

Verstehen tut dich niemand und hört nicht mehr zu.

Du fühlst dann die Fremde und Missgunst in dir.

Es liegt doch an dir nur, du siehst es nur nicht.

Halt inne mit Ruhe, man dankt es dir dann.

Sie kommen bald wieder, das ist mal ganz sicher.
Wenn sie dir vertrauen, und wichtig du sprichst.

Prahlhans

Du willst geschaut werden stetig und ohne Unterlass. Du bist freundlich nur dann, wenn man dich lobt. Du stehst dir im Wege, wirfst Schatten dir selbst.

Du clever dich darstellst, und selbst dich freust, wie groß du doch bist.

Doch niemand lacht mit dir, das merkst du ganz schnell.

Als clever sich geben heißt längst noch nicht sein. Erreicht hast du gar nichts, man meidet dich schnell.

Gewollt hast du es anders, dein Weg war hier falsch. Du treibst es zu lange und stehst dann allein. Vorm Spiegel noch zeterst du, wie clever du bist.

Beliebt warst du nicht mehr. Betrug kommt zurück.

Überheblichkeit

Wer sich erhebt, deckt Schwäche nur. Den Mantel des Wissens, den legt man schnell an. Doch jeder erkennt, dass er nur kurz wärmt.

Wenn suchst du willst in Innen des anderen, er böse gleich wird, weil du so den Knopf drückst, das Angst in ihm wuchert.

Was zum Besten er gibt, ist aufgedeckt jetzt.

Die Regel hier lautet: Wer richtig berichtet, der braucht keinen Mantel. Es gibt keinen Grund mehr verschleiert zu reden, und offen zu lassen begonnene Rede.

Fragwürdig

Versteh die Bedeutung, es liegt in der Frage.

Du bist hier noch würdig, dass man dich noch fragt, warum und wieso denn...

Noch merkt man hier auf, es wird noch geprüft.

Wenn jemand dich fragt, warum du was tust, ist immer noch Neugier.

Recht schlimm wird es dann, wenn niemand mehr fragt. Man tut eben ab, was du da so sagst.

Verwirkt hast du Interesse, bist lästig nur noch.

Nicht würdig der Frage, vergessen wirst du sein.

Zu weit in die Zukunft

Du denkst viel und weit nach vorn, lebst hier schon vergessen.

Du bist dann der Spinner, man nimmt dich nicht ernst.

Visionen sind schlimm hier, man will sie nicht haben. Doch braucht man dich schon, zu orten was möglich.

Der Wert kommt erst später, wenn du nicht mehr bist. Du selbst hast vergessen zu leben im Hier.

Talent hattest du viel, verkauft hast dich schlecht. Die Welt ist ein Blendwerk, du konntest es sehen.

Gefilde auf Erden sind kein Feld für dich. Was dir gemäß ist, das kommt erst mit Ruh.

Hier musst du noch leiden, das ist nun mal so.

Geld ist Macht, haste gedacht

Erfolg ist auf Erden, wenn du häufelst viel Geld.

Die Aussicht genügt schon, das Geld mal viel hast.
Man achtet dich sehr, und giert sich nach dir.
Kritik ist nicht wichtig, man will dir nachtun.

Weil andere dich stärken, aus Meinung im Nebel,
hast du viel Freunde und Partner in Hülle und
Fülle.

Man kann sich dann leisten was immer man will.
Befriedigt und glücklich schläft man so gut ein.

Was kann da noch kommen, es ist doch geglückt.

Doch weh, wenn es ausbleibt, man schaut dich
nicht mehr. Verurteilt dich stetig, und nachher
hast du Schuld.

Allein bist du dann, und jetzt auch noch arm.

Nun siehst du was es wert war – die Aussicht auf
Geld.

Nichtbesitz macht frei

Du hast was und bist nun wer. Du glaubst es schnell und wirklich fest.

Doch schau nur hin, die Welt ist ein Gauklerspiel. Besitzt du nichts, verteidigst du nichts. Hast du viel, schützt du viel.

Besitz beschäftigt und bindet dich. Nichtbesitz löst auf und bietet Freiheit an.

Es macht mir zu folgen hier noch recht viel Müh.

Wo fängt das an, wo hört das auf, was liegt noch weit dazwischen.

Wer verloren hat mal den Besitz, wird jetzt erst dazu denken. Wer niemals etwas hatte, der kann nur lachen hier.

Somit bleibt Erkenntnis nur danach.

Regeln

Lebst du mit ihnen, fällst du nicht auf. Dein Leben ist mäßig mit wenig Ereignis.

Zweifle sie an, rückst du in Aufmerksamkeit. Dein Leben geht mit Problemen.

Lehne sie ab, dann will man dich nicht. Dein Leben hat viel Beschwernis.

Wie ein Fels in der Brandung umspült, stehst du lange, doch nicht ewig. Die Brandung hat mehr Zeit als du. Dein Fels wird schmelzen dahin oder brechen. Ganz wie das Meer es bestimmt.

Es macht Sinn, nach Regeln zu fragen. Regeln ermöglichen - Regeln engen ein. Regeln werden in Gemeinschaften geboren. Vorher sind sie eher Disziplinen.

Prüfe genau und wieder, dann sind sie gemäß für alle. Niemals für immer, doch sehr lange Zeit.

Der Wert des Vertrauens

Vertrauen zu geben ist oftmals sehr schwer. Enttäuschung ist groß oft und hindert zu schenken.

Weil Ego dabei ist, sei ehrlich zu dir, erwartest du Lohn hier, man Dankbarkeit nennt.

Doch innen nicht sauber, der andere es merkt, und gibt mit Beschwernis was du gerne willst.

Denk nach wer hier falsch liegt, für dich ist es wichtig. Vertrauen versteckt sich, kommt zögernd nur raus, wenn sicher es ist und Ängste nicht hat.

Es braucht oft die Zeit nur, entwickelst du dich schon. Dann kannst du auch geben, auf Vorschuss und gern. Stabil musst du schon sein, um das zu bestehen. Gefahr lauert sehr hier zum Rückfall in Gewohnheit.

Doch lernen ist wichtig in Reibung mit Menschen. Vertrauen verströmt sich und braucht keinen Lohn.

Eindeutigkeit

Der Zweifel wohnt uns lange inne, schwer abzulegen bleibt es allemal.

Es könnte besser sein woanders, mit Neugier groß und führt in die Irre.

Die Ruhe ist nur innen, es braucht dazu den Schmerz. Ein Wesen, wo feste sie mal wohnt, hat Falten im Gesicht recht tief. Von Schwielen nicht zu reden, hat Werte dann ganz groß.

Dein Weg hat nur ein Ziel, zu finden nur dich selbst. Durchleiden musst du weiter noch, Geschenke gibt es selten hier.

Du dankst es mal in Ferne sehend, wenn du sicher bist, dein Weg ist recht.

Zuneigung

Verkehrt ist die Welt, wenn du sie nicht hast. Dann brauchst du Ersatz in ganz vielen Dingen.

Bekommst du sie dann, ist es nicht mehr wichtig, wie weit du gebaut hast auf irdischem Grund.

Die Liebe ist eigen und spricht auch nur leise. Du hörst sie nur wirklich, wenn du ganz aufmerksam bist.

Die Zuneigung vorab ist Leiter zur Liebe. Sie fragt nicht nach Leistung zu bringen du hättest.

Das dürfen wir lernen auf Erden bereits. Doch schwer ist es schon, das glaube mir hier.

Und Stufe um Stufe erklimmst du dein Leben, die bringen dir Licht ganz tief in dir bleibend. So lebe die Zuneigung zu anderen beizeiten. Du wirst dann auch spüren, warum Lieben so schön ist.

Getragenes Leben

Mein Dasein war nicht einfach hier. Ich trug sehr schwer, so dachte ich mir.

Doch Sicht auf dieses Leben nur, umspannt nicht mal die halbe Sache, so viele Leben wie ich hatte zum Lernen mehr und mehr.

Gesamtes schau ich hier und jetzt, mit Freude sehe ich was kommt.

Erkenne Begleiter mehr und mehr. Nicht ich trug mein Leben allein. Meine Zeit war auch Last für ihn.

Geweint um mich habe ich viel, geweint um ihn, das habe ich nie.

Allein ich trotzdem niemals war. Welch Glück da ging mit mir.

Zwischenprüfung

Wenn Schleier hüllt dein Denken hier, sei wachsam wer dahintersteckt.

Du siehst es nicht, so glaube mir.

Zwei Wege bleiben immer nur, das Dunkle und das Licht in dir.

Verführung sollst du unterscheiden zur Wahrheit, die zum Lichte führt.

Wenn Prüfung folgt dir auf dem Fuße, verhüllt dein Wegbegleiter sich.

Er schaut auf dich das du nicht wankelst. Sonst weiter trägt dein Leben schwer.

Meilenstein

Gerungen habe ich immer sehr, erkannt habe ich nun etwas mehr.

Die Jahre schwinden wie ein Fluss, der schneller fließt als Wasser hat.

Verschlissen wie ein Mantel alt, steh ich am Wegesrand und raste.

Ich blick zurück und schau mir an, wie weit ich abgekommen bin vom Pfad, der einst die Wahrheit für mich war.

Erleben oft schon schwer genug, verwerten dies noch sehr viel mehr.

Geduld man gab mir mit der Zeit, ich sah dies nicht und schäme mich.

Doch schimmert jetzt ein Lichtlein rein, begleitet mich im guten Weg.

Erfüllt mir wurde ganz mein Wunsch, soll halten hier die rechte Sicht.

Gewicht ist mehr zu Gott gelangt, das Leben hier an Druck verliert.

Erkenntnis haben wir hernach, wenn Übersicht mal besser ist, und weit die Pein auf Erden dann.

Der Weg gezeigt mir wurde weiter, ein langes Stück liegt vor mir noch.

Erhellt hast du mich nun ganz und gar, ich halt es fest so stark ich kann.

Erhalt mir nun den festen Schritt, der mich trägt, so weit zu dir.

Zurück ich mag nun gar nicht mehr.

Der himmlische Freund

Am Anfang er es leicht dir macht, zu finden deine Richtung noch.

Doch später dann, wenn weiter du, begegnest deinem Übermut, und suchst dann schnell, weil falsch geschaut, nach Gründen deiner Machenschaft.

Ganz schwer der Weg dann später mal und stolz du fühlst die Zuversicht, wenn du sicher warst in deinem Weg.

Die Ehrfurcht kommt gepaart mit Mut, hilft finden dir die Richtung besser.

Gemüt zur Mitte findet schon, die Zeit sie braucht, sie ist doch dein.

Es ist nicht leicht, wir wissen das. Dein Lohn kommt einmal aus dir selbst, wenn Liebe schon ganz in dir wohnt.

Der Widersacher

Du siehst in ihm den Feind, ich weiß.

Er kommt mit dir und geht mit dir. Wenn falsch
du liegst, er peinigt dich.

Doch wenn du gut entschieden hast, ist Anlass fort
zum Zweifel haben.

Er hat Bewandtnis - schult dich hart, den Spiegel
hält er dir ins Antlitz rein.

Sein Werk ist prüfen dich am Wege.

Du wirst ihn sehen. Sehr spät, dann aber klar. Sein
Weg verbunden ist dir lange.

Bestimmt vom Schöpfer, dass beide ihn gehen.
Erfahrung ist groß dann, gemeinsam gemacht.

Die Feindschaft vergibst du mal dir allein, und
feierst mit ihm, weil Bruder er ist.

Die Weisheit des Lichtes

Entscheiden musste man vor langer Zeit Erkenntnis zu verstecken, denn Weisheit war bestimmt nicht allen.

„Verstecken wir es auf großen Wolken!"

„Nicht gut, denn schnell man würde sie entdecken."

„Verstecken wir sie tief in den Meeren!"

„Nicht gut, man würde finden sie auch hier."

Das Versteck tief im Menschen drinnen, war beste Wahl wie sich zeigte.

Denn Reife braucht den Weg nach innen, lässt Wahrheit erst durch Müh heraus.

Friede in dir

Die Feindschaft hier nicht mehr gemäß, bringt Unmut nur dir selbst herbei.

Beschäftigt dich und lenkt dich ab, von Werten dir schon nah gekommen.

Verdruss dich lähmt und hindert nur, zum Überblick in offene Sicht.

Den anderen ändern war nicht möglich. Du selbst hast es in der Hand, ob weiterkommen willst *in dir*.

Gedanken sind mal leicht, mal schwer, des Weges Schmied nur du bist hier.

Die Lehre nun, es sei gesagt, der Feind, der wohnt allein in dir.

Gottvertrauen

Gott vertraut dir, weil er seinen Plänen vertraut. Du bist Bestandteil seiner selbst. Er lebt in dir, und du mit ihm in ihm.

Er vertraut dir auf dem Wege, und hat auch Sicht auf deine Fehler.

Er weiß um deine Trauer und Verluste, und hat Vertrauen in dein Bemühen.

Vertrauen auf Erden ist schwer und vage. Gottvertrauen eben ohne Ende.

Es kommt der Tag, an dem du weißt, wovon ich dir berichte.

Ich habe schon ein schönes Haus

Auf Erden war ich schon erpicht, ein Haus zu bauen mir einmal.

Als Nest wollt ich das mal für mich, Familie darin planen.

Doch Widrigkeiten führten weg davon. Nicht Erde-Nest ist wichtig weiter. Der Platz ist anders wo schon fertig und wartet meiner Heimkehr bald.

Ein Haus auf Erden ist Verfall, wenn du darin nicht verweilst. Das andere Haus ist immer da, solang du bist, es wartet ja. Verfall nicht kennt, es wächst doch stetig, wird schöner dann von Mal zu Mal, du heimkehrst immer wieder hier.

Der Pillendreher

Das bist du selbst, ich sagte es schon!

So warte doch nicht, bis jemand da kommt, und reicht dir die Pille, nach der es dir giert.

Dann mach sie jetzt selbst, das hilft dir am besten. Und schnell geht es auch, denn niemand kann schauen was dir fehlt zum Wohle.

Du lernst so ein Handwerk, das wertvoll dir wird. Erhalt dieses Wissen und setze es ein, so strebst du zum Ziele geringerer Qual.

Die Pille bleibt dein, sie hilft auch nur dir. Dosiere sie richtig dann wirkt sie gut hier.

Virtueller Stimmungsgenerator

Zu kaufen mal möglich, ach wäre das schön.

Zu regeln was los ist, so um uns herum.

Doch will ich nicht warten, das Ding bau ich selbst und setze es ein.

Ist Stimmung dann schlecht, schau ich nach Menschen die schlechter noch dran sind.

Dann ist mein Befinden schnell wieder oben, wenn Last mich erdrückt hat im eigenen Leiden.

Der Wert darum kommt erst wenn du selbst dich ortest.

So siehst du viel besser, wie gut du es hast.

Wenn du alles gelassen hast

Ereignisschwer dein Leben war. Gerafft die Zeit, sitzt doch nicht tief.

Du lerntest die Regel, die herrscht im Geschäft. Schlechtwetter im Anmarsch ist stets hinter dir. Gewitter dann ausbrach und wütete mit dir.

Doch merke die Regel, die hält was verspricht. Die Sonne folg immer und scheint wieder durch.

Besitz zwar verloren, das Herz ist noch da.

Das Mühen im Steten bringt Vorteil dir hier, weil rauf und mal runter das Leben agiert.

Du erkennst wahre Werte, die das Außen nicht brauchen.

Du hast alles gelassen an Werten zum Tausch, dann funkelst du von innen was bleibt im Bestand.

Schlussgedanke

Die Bühne des Lebens war nur klein Theater.

Du gehst jetzt nach Hause, dein Leben geht weiter.

Du hilfst nun schon den Jüngeren, die noch müssen ringen.

Du vergleichst es mit Manchem, erlebt hast ja auch, und schmunzelst nun drüber, ganz tief in dir drin.

Du darfst leben das Wahre, im Licht du dann bist.

Über meine Erfahrungen

Der Sinn des Lebens - ein bedeutungsvoller Satz. Und jeder sucht für sich nach einer Antwort. Wo kommen wir her, wo gehen wir hin, was ist weit dazwischen. Warum gibt es so viel Leid auf dieser Welt.

Damit habe ich mich viel herumgeschlagen, auch weil mir lange Zeit nicht bewusst war, wo mein eigener Weg einmal hinführt. Denn dieser Weg ist immer noch verschlungen, scheinbar durcheinander und verlief lange Zeit nicht im guten Gefühl.

Die Suche nach dem Sinn meines Lebens begann zaghaft nach der Begegnung mit dem Tod im Herbst 1985, und führte auch danach noch in viele Lebenssackgassen, aus denen nur schwer wieder herauszufinden war. Doch die Widrigkeiten meines Lebens bekommen langsam einen Wert, den es tiefgründig und vielschichtig weiter zu erforschen gilt.

Die Erkenntnis, dass alles nicht zur Behinderung gedacht ist, sondern eine große Chance und Bewährung bedeutet, liefert vielen inneren Kämpfen ständig neue Nahrung. Besonders dem sich immer wieder aufbäumenden Ego und eigenen, tief verankerten Verlustängsten.

Die Kraft zum Bleiben in Einsicht über den Sinn des Lebens fließt im steten Wachsen des Vertrauens zum übergeordneten Begleiter Jonas und des großen Ganzen.

Es läuft darauf hinaus, dass das irdische Leben einem Krieg gleichkommt. Ein selbstgemachter Krieg aus dem menschlichen Unvermögen heraus und im unvollkommenen, immer freien Willen begründet.

Ein innerer Krieg, den man einsam, und nur mit sich selbst ausfechten muss.

Jeder auf seine Weise.

Nicht bösartig gewollt, aber immer wieder neu angefacht.

Oft verständnislos und schmerzvoll für andere. Immer schmerzvoll für sich selbst.

Doch dieser innere Krieg und dessen Bewältigung ist ein wichtiger Wert und die Grundlage jeden Verständnisses für andere. Für das eigene innere Wachsen und vor allem für das große Ganze, zu dem wir letztlich streben.

Lasst ihn uns mit Bedacht führen, denn niemand wird ihm entkommen.

Wir führen ihn nicht gegen uns, sondern mit uns. Das ist ein großer Unterschied.

Es lohnt sich also allemal im steten Bemühen zu bleiben, auch wenn es aussichtslos erscheint. Denn das Bemühen an sich ist eine wertige Eigenschaft im prinzipiellen Lebensprinzip der Schöpferliebe.

Und diese Liebe geht weit über die menschliche Existenz hinaus. Die Kraft dazu wird uns immer wieder neu gegeben, solange wir die Tür zum Himmel aufhalten.

Jonas fügt noch an

Menschen beginnen ihr Erdenleben wie ein kleiner, ungeschliffener Diamant. Jeder hat es in der Hand, welchen Schliff er einmal bekommt und welches Funkeln dann erstrahlt.

Der Himmel leiht dir über dein Bemühen das Werkzeug dazu.

Schleife nur am eigenen Rohdiamanten! An anderen herumzuschleifen ist Unfug und geht immer schief. Darüber hinaus steht es dir aus mangelnder Übersicht auch gar nicht zu. Bescheide dich auf dich selbst und die Optimierung dessen, was du in dir trägst. Der eine braucht vielleicht nur etwas länger als der andere. Doch Gottes Gnade hat Geduld mit uns allen.

So hat es jeder in der Hand, aus einem steinigen Lebensweg ein Kunstwerk zu machen.

Ist denn aus meinem Leben schon ein Kunstwerk geworden?

Das kann ich selbst gar nicht beantworten. Man sollte Menschen fragen, die sich in meinem Umfeld bewegen.

Dort gibt es sicherlich Menschen, die mir wohlgesonnen sind und solche, die nicht so recht mit meiner Art klarkommen. Dazu gibt es auch noch den sogenannten Nasenfaktor: Also das sich manche Zeitgenossen einfach nicht riechen können.

Recht machen kann man es sowieso niemanden. In der Konsequenz bleibt die eigene Authentizität.

"Bleib so wie du bist, sagte mir kürzlich jemand aus dem ersten Lager."

Meine Ecken und Kanten will ich bewusst behalten. An mehr Geduld und Gelassenheit arbeite ich noch.

Mein Kunstwerk ist ohnehin erst vollkommen, wenn ich wieder in himmlischen Gefilden verweilen darf.

Dann können wir nochmal ganz in Ruhe darüber reden. Hier bin ich noch mit dem Schleifen beschäftigt.

Danke für deine Zeit

Meine größte Freude wäre es, wenn du aus diesem Büchlein etwas für dich entnehmen konntest. Vielleicht hast du ein paar Minuten, um dort, wo du es erworben hast, ein paar Zeilen hineinzuschreiben.

Auf meiner Webseite:
www.gespräche-mit-jonas.de
freut sich auch mein Gästebuch auf dich :)